THE SOUL OF INDIA

Second Edition 2013

First Edition Published 2006 by Prakash Books India Pvt. Ltd.
113/A, Ansari Road, Daryaganj, New Delhi-110 002, India. Tel.: 91 11 23247062-6. Email: sales@prakashbooks.com Website: www.prakashbooks.com

Copyright © Prakash Books India Pvt. Ltd.
Text & Photographs Copyright © Tarun Chopra

Designed by: Yogesh Suraksha Design Studio Pvt. Ltd., www.ysdesignstudio.com

Text edited by: Andrew Mahlstedt
Project assistant: Karan Palta

All rights reserved. No part of this publication may be reproduced, stored in a retrieval system or transmitted in any form or by any means, electronic, mechanical, photocopying, recording or otherwise, without the prior permission of the copyright holder.

ISBN: 81-7254-150-4

Printed & bound in India

THE SOUL OF
INDIA

Tarun Chopra

PRAKASH BOOKS

CONTENTS

PEOPLE
9

LANDSCAPES · DESTINATIONS
105

STREET LIFE   ARCHITECTURE·MONUMENTS

INTRODUCTION

The soul of India lies in its people—in their smiling eyes, in their religious devotion steeped in eternity. Often, this soul lies buried beneath a layer of dust comprising of poverty, garbage and rubble. Once this layer is cleaned, the jewel of a country shines through.

India is a country that is proud to have rubbed shoulders with the earliest civilizations: the Mesopotamian, Egyptian and Chinese. Out of these, only the Indian civilization has managed to conserve its earliest culture and traditions to the present day. The hallmark of its culture has been its ability to assimilate rather than oppose other faiths and cultures, and thus enrich itself with the passage of time. This has made it dynamic, flexible and adaptable to an ever-changing world.

The Hindu philosophy is based on the fact that changes are an endemic part of existence and of the universe to which we belong. This, translated to present times, makes people more at peace with themselves, tolerant of their surroundings and society, and oblivious to their economic status. This is proven without doubt by the sheer fact that despite the gap that exists between the haves and the have-nots, there is significantly less crime in India as compared to affluent Western societies.

The soul of India lies in the faith of its people and its truly secular society where every day millions of people indulge in their diverse religious rituals, from bathing in the holy rivers and ponds, to praying to the sun god at dawn and lighting oil lamps at dusk. Mountains, too, are worshipped as the abode of the Almighty: planets, stars, rain, fire, trees are all objects of worship; this reflects how the way of life is woven in eternity.

In the beginning of mankind, before God took human form, elements of nature played a vital role in the day-to-day existence of human beings. Hence the forces of nature were revered. This tradition has distilled down the ages in India in the form of gods and legends and religious.

The soul of India is in its masses: more than a billion people, growing at the rate of 1.8% a year. When translated it works out to 85000 a day or 18 million a year, which makes it the fastest-growing nation in the world, with nearly 40% of the population below the age of 15 years. This means every sixth person on this planet is from India. Here, life is more of public affair than private. All activities like bathing, praying, washing, cleaning and cooking are all done in the open.

The beauty of India lies in its landscape with the Himalayas in the north and tropical beaches in the south. In the west lie arid deserts, while the eastern and the central parts of the country boast of thick jungles. The landscape is as varied as its people and is dotted with beautiful monasteries, ancient temples, majestic forts and luxurious palaces. Ladakh, in the north, is particularly breathtaking. Its ancient monasteries have the perfect backdrop of barren mountains, which fall in the rain-shadow region of the Himalayas. It is perhaps the only place in the world where Tibetan Buddhism has survived the ravages of modernization.

In sharp contrast to the mountain peaks is the densely populated Gangetic plains region. Here the soul of India reverberates in its teeming towns and villages. Most exotic of these is Varanasi, situated on the banks of the river Ganga, the holiest and the most revered river of the Hindus. Here, the breaking of dawn is welcomed with the chanting of religious hymns, floating of oil lamps in the water and purifying of thousands of pilgrims by bathing in the river. All this provides a mystical backdrop to this eternal city.

In the south, the multi-coloured lofty temple entrances, called gopurams, dominate the landscape. Inside the temple walls one finds establishments of entire cities. A constant flow of devotees of all ages can be seen throughout the day. This carries on till the evening aarti, when gods are put to bed. Usually, the main entrance of the temple is guarded with a baby elephant that blesses the devotees by placing his trunk on their heads.

The lush, green, paddy fields with gaily attired farm hands; manicured tea gardens on the slopes of the mountains; and beaches and the backwaters on the Western coast are some of the most stunning sights in the spice land of India.

The soul of India is also in its streets that exude contagious energy that never fails to engulf you. They are filled with smells that overpower you, sights that alternately surprise and excite you and noises emitted from all around you. Street snacks either bring your taste buds alive with multitude of spices or they are so sweet that you end up being sugar-shocked. Surviving street delicacies though is easier than surviving traffic. Cows and other animals of various sizes and shapes dot the streets in the cities, villages and modern freeways . . . lest you forget that you are in India.

No number of words or volumes can do justice to this eternal, exciting and stimulating country. In the following pages of the book I'd rather let my images converse with you.

L'âme de l'Inde réside dans ses habitants, dans leurs yeux souriants, leur dévotion religieuse imprégnée dans l'éternité. Souvent, cette âme se trouve enterrée sous une couche de poussière composée de pauvreté, d'ordures et de décombres. Une fois cette couche se dégage, le bijou d'un pays ressort en éclat.

L'Inde est un pays qui est fier d'avoir coexisté avec les civilisations les plus anciennes: la Mésopotamie, l'Egypte et la Chine. Parmi ces dernières, seulement la civilisation indienne est parvenue à conserver sa culture et ses traditions anciennes jusqu'à nos jours. Un trait distinctif de sa culture a été sa capacité à assimiler plutôt qu'à s'opposer d'autres religions et cultures, en s'enrichissant avec le passage du temps. Ceci l'a rendue dynamique, flexible et adaptable à un monde qui change à toute vitesse.

La philosophie hindoue est basée sur le fait que les changements sont une partie intégrante de l'existence et de l'univers auquel nous appartenons. Ceci, traduit dans le contexte actuel, aide les gens à être en paix avec eux-mêmes, à être tolérants avec leur environnement et leur société, et à se libérer de leur statut économique. Ceci est traduit par le fait que malgré le fossé existant entre les riches et les pauvres, il y a moins de crimes en Inde que dans les opulentes sociétés occidentales.

L'âme de l'Inde repose dans la croyance de son peuple et de la société vraiment séculaire, où chaque jour des millions de gens de la nation s'impliquent dans des rituels religieux tels que des baignades dans les fleuves et des étangs sacrés, des prières au dieu soleil à l'aube, ou l'éclairage des lampes à l'huile au crépuscule. Les montagnes sont également adorées comme la demeure du Tout-puissant. Les planètes, les étoiles, la pluie, le feu, les arbres sont tous des objets de culte, reflétant ainsi la façon de vivre tissée dans l'éternité.

Au début de l'humanité, avant que Dieu n'ait pris forme humaine, les éléments de la nature jouaient un rôle essentiel dans l'existence des êtres humains. Les forces de la nature étaient donc adorées. Cette tradition a existé en Inde, à travers les siècles, sous forme de dieux et de légendes, et de célébrations religieuses.

L'âme de l'Inde est dans sa population: plus d'un milliard d'habitants et un taux croissant de 1,8% par an, autrement dit, 85000 par jour ou bien 18 millions par an, ce qui fait de l'Inde la nation avec la croissance la plus rapide du monde, avec presque 40% de la population au-dessous de l'âge de 15 ans. Ceci signifie qu'une personne sur six sur cette planète est indienne. Ici, la vie est plus une affaire publique que privée. Toutes les activités, que ce soit la baignade, la prière, le lavage, le nettoyage ou bien la cuisine, sont réalisées à l'air libre.

La beauté de l'Inde réside dans ses paysages, depuis l'Himalaya dans le nord jusqu'aux plages tropicales du sud. À l'ouest se trouve le désert aride, alors que dans les zones est et centrale du pays des forêts très denses se déploient. Le paysage est aussi varié que les personnes y habitant, et est doté de beaux monastères, de temples antiques, de forts majestueux et de palais luxueux. Le Ladakh, dans le nord, est particulièrement stupéfiant. Ses monastères anciens possèdent un décor parfait : des montagnes arides qui s'évanouissent dans la région pluvieuse de l'Himalaya. C'est peut-être le seul endroit au monde où le Bouddhisme tibétain a survécu aux ravages de la modernisation.

Les plaines densément peuplées des régions du Gange forment un contraste important avec les sommets montagneux. Ici l'âme de l'Inde se reflète dans les villes et les villages fourmillants. La plus exotique d'entre elles est Bénarès, situé sur les rives du Gange, le plus sacré et le plus vénéré des fleuves hindous. Ici, l'arrivée de l'aube est accueillie par le chant d'hymnes religieux, les lampes à huile flottant sur l'eau, et des milliers de pèlerins se baignent dans le fleuve pour se purifier. Tout ceci octroie à cette ville éternelle un air mystique.

Dans le sud, les entrées élevées, multicolores des temples, appelées "Gopurams", dominent le paysage. Au sein des murs du temple, on trouve des fondations de villes entières. Tout au long de la journée, on peut observer un flux constant de dévoués de tous âges. Celui-ci continue jusqu'au "aarti" du soir, quand les dieux vont se coucher. Habituellement, l'entrée principale du temple est gardée par un bébé éléphant qui bénit les visiteurs en plaçant sa trompe sur leurs têtes.

Les rizières vertes et exubérantes allègrement adornées de mains de fermiers ; les jardins de thé manuellement entretenus situés sur le versant des montagnes ; les plages et les backwaters sur la côte occidentale font partie des vues les plus resplendissantes de cette terre d'épice qu'est l'Inde.

L'âme de l'Inde se trouve aussi dans ses rues, d'où émane une énergie contagieuse qui ne manque jamais de vous submerger ; les odeurs qui vous maîtrisent, les vues aussi surprenantes qu'excitantes, les bruits qui vous entourent. Les snacks de la rue peuvent soit réveiller votre sens du goût avec ses multitudes d'épices ou, étant tellement sucrées, provoquer une overdose de sucre. Survivre aux délicatesses de la rue est beaucoup plus simple que de survivre à la circulation. Des vaches et autres animaux de diverses tailles et de différentes formes se baladent dans les rues des villes, des villages et des autoroutes modernes… au cas où vous oublieriez que vous êtes en Inde.

Ni les mots ni les volumes d'ouvrages ne peuvent faire justice à ce pays éternel, excitant et stimulant. Dans les pages suivantes du livre je laisse plutôt mes images vous parler.

El alma de India habita en su gente, en sus ojos sonrientes, en su religiosa devoción impregnada de eternidad. A menudo, esta alma se halla sepultada bajo una capa de polvo compuesta de pobreza, basura y escombros. Cuando se limpia esta capa, todo el esplendor de un país brilla a través de ella.

India es un país orgulloso de haberse codeado con las primeras civilizaciones: Mesopotamia, Egipto y China. De éstas, sólo la civilización india ha logrado conservar hasta nuestros días su cultura y sus tradiciones más antiguas. La marca distintiva de su cultura ha sido su habilidad para asimilar más que para oponerse a otras fes y culturas, enriqueciéndose así con el paso del tiempo. Esto la ha hecho dinámica, flexible y adaptable a un mundo siempre cambiante.

La filosofía hindú se basa en el hecho de que todos los cambios son una parte inherente a la existencia y del universo al que pertenecemos. Esto, trasladado al presente, posibilita que la gente se encuentre más en paz consigo misma, sea tolerante hacia su entorno y su sociedad, y no repare en su estatus económico. Esto lo prueba por completo el hecho diáfano de que a pesar de la brecha existente entre "ricos" y "no ricos", hay bastante menos crimen que en las opulentas sociedades occidentales.

El alma de India reposa en la fe milenaria de su gente, en una sociedad en la que cada día millones de personas en toda la nación desempeñan sus rituales religiosos, ya sean baños en los ríos y estanques sagrados, oraciones al dios sol al amanecer o el alumbrado de lámparas de aceite durante el crepúsculo. También las montañas son adoradas como la morada del Todopoderoso. Los planetas, las estrellas, la lluvia, el, fuego, los árboles,… todos ellos son objeto de veneración, reflejando así un modo de vida forjado en la eternidad.

En el origen de la humanidad, antes de que Dios adquiriera forma humana, los elementos de la naturaleza jugaban un papel de vital importancia en la existencia de los seres humanos, por lo que estos elementos eran venerados. Esto ha llevado, con el paso del tiempo, a que los elementos sean vistos como dioses y en torno a ellos hayan crecido leyendas y celebraciones religiosas.

El alma de India está en su población: más de mil millones de personas creciendo a un ritmo de un 1,8 % anual o, dicho de otro modo, 85.000 personas al día y 18 millones al año, lo que lo convierte en el país con el crecimiento más rápido del mundo, con cerca de un 40% de la población por debajo de los 15 años de edad. Esto significa que de cada 6 personas en el planeta, una es india. Aquí la vida es más un asunto público que privado. Todas las actividades como bañarse, rezar, lavar, limpiar o cocinar se llevan a cabo al aire libre.

La belleza de India yace en su paisaje, desde el Himalaya en el norte hasta las playas tropicales del sur. En el oeste se halla el árido desierto, mientras que las zonas oriental y central del país presumen de sus espesas selvas. El paisaje es tan variado como su gente y está salpicado de bellos monasterios, antiguos templos, majestuosas fortalezas y lujosos palacios. Ladakh, en el norte, es especialmente impresionante. Sus antiguos monasterios poseen el marco incomparable de las montañas yermas en las zonas lluviosas y sombrías del Himalaya. Es quizás el único lugar del mundo en el que el budismo tibetano ha sobrevivido a los embates de la modernización.

Contrastando radicalmente con los picos montañosos se encuentran las llanuras densamente pobladas de la región del Ganges. Aquí, el alma de India reverbera en sus apiñados pueblos y ciudades. La más exótica de todas es Benarés, situada a orillas del Ganges, el río más sagrado y venerado por los hindúes. Aquí la llegada del alba es recibida con cánticos religiosos, lámparas de aceite flotando en el río y miles de peregrinos purificándose mediante el baño en el mismo. Todo esto dota a esta ciudad eterna de un aire místico.

En el sur, las entradas multicolores de los templos elevados llamadas "Gopurams", dominan el paisaje. Dentro de las paredes de los templos uno encuentra asentamientos de ciudades enteras. A lo largo del día se puede observar un flujo constante de devotos de todas las edades que continúa hasta el "aarti", a última hora de la tarde, cuando los dioses se van a dormir. Habitualmente, la entrada principal del templo es custodiada por un bebé elefante que bendice a los fieles colocando la trompa sobre sus cabezas.

Los exuberantes y verdes arrozales con manos campesinas alegremente adornadas; los jardines de té manualmente cuidados en las laderas de las montañas; las playas y los humedales de la costa oeste son algunos de los más asombrosos lugares de interés en la especiada tierra de India.

El alma de India se encuentra también en sus calles rezumantes de una contagiosa energía en la que uno siempre se siente sumergido. Olores subyugantes, lugares tan pronto sorprendentes como excitantes, ruidos que surgen de todas partes. Las comidas callejeras despiertan el sentido del gusto, unas por su multitud de especias y otras por su extrema dulzura, que puede acarrear una sobredosis de azúcar. Sobrevivir a las delicias de la calle es más fácil que sobrevivir al tráfico. Vacas y otros animales de diferentes tamaños y formas puntean las calles de ciudades, pueblos y modernas autopistas… haciendo imposible olvidar que uno se encuentra en India.

No hay palabras que puedan hacer justicia a este país eterno, excitante y estimulante. Prefiero dejar que mis imágenes conversen con ustedes en las siguientes páginas del libro.

P E O P L E

CUSTOMS · RITUALS

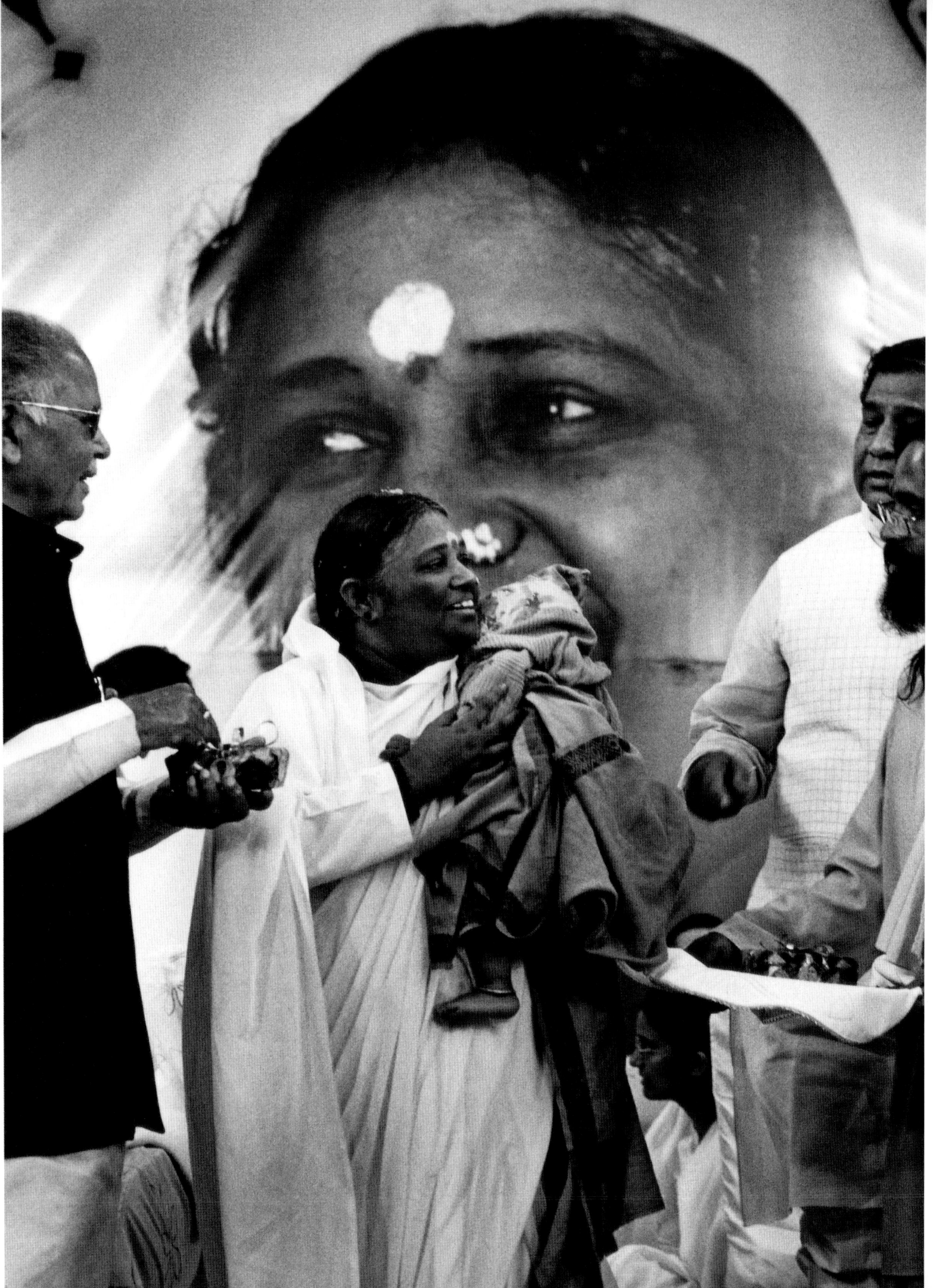

LANDSCAPES · DESTINATIONS

STREET LIFE

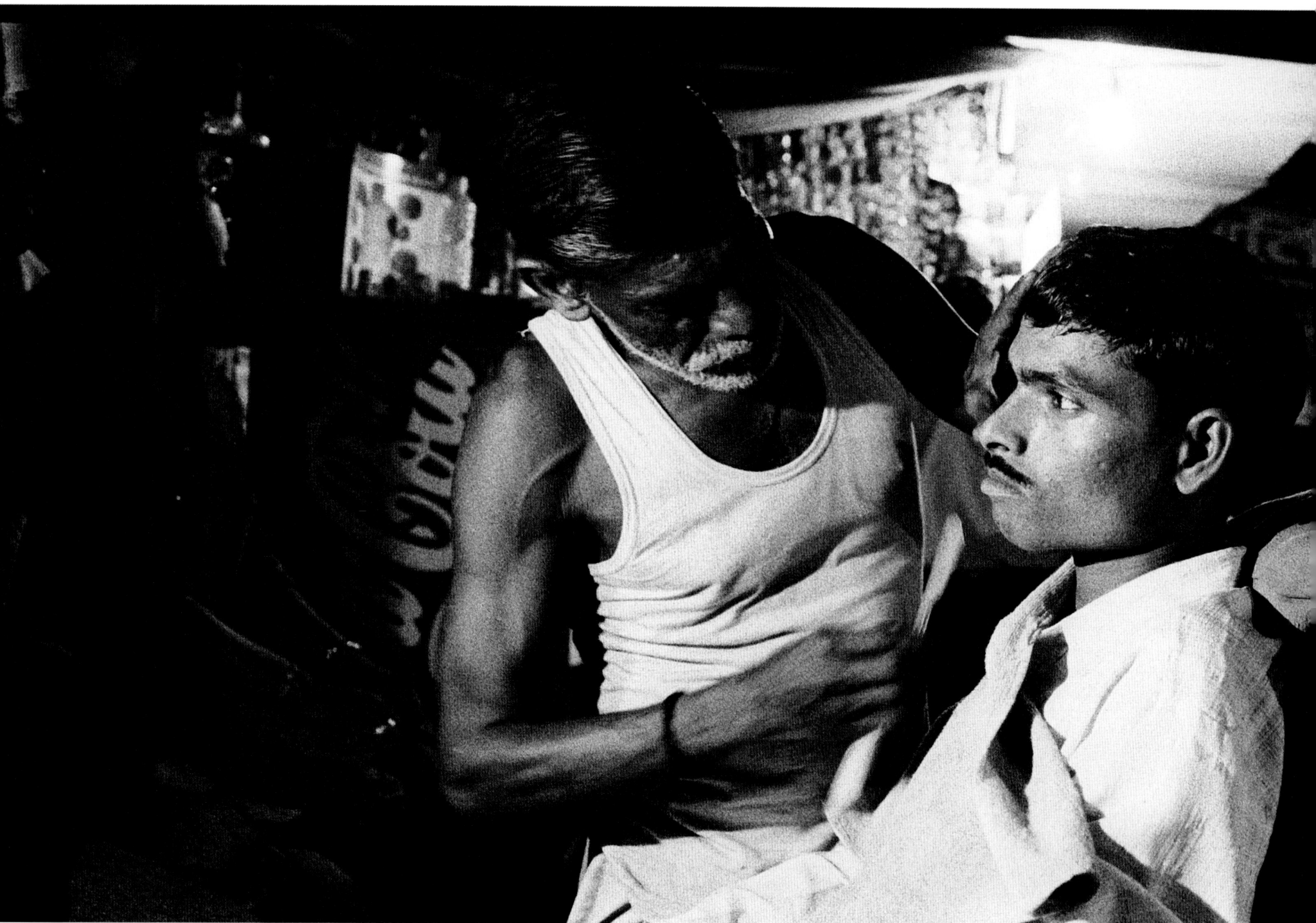

ARCHITECTURE · MONUMENTS

(1) A young girl peeps inside a car of a world far distant from her own, Delhi.

Une jeune fille regarde furtivement à l'intérieur d'une voiture appartenant à un monde loin du sien, Delhi.

Una jovencita curiosea el interior de un coche que pertenece a un mundo muy diferente del suyo, Delhi.

(2–3) The mystical tranquillity of the river Ganges at dawn, Varanasi.

La tranquillité mystique du fleuve Gange à l'aube, Bénarès.

La serenidad mística del río Ganges al atardecer, Benarés.

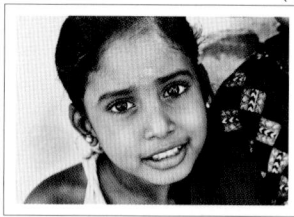

(8) Warm smiles of children greet the visitor everywhere in India, Mumbai.

Le sourire des enfants accueille les visiteurs partout en Inde, Madurai.

Las cálidas sonrisas de los niños saludan al visitante en cualquier lugar de India, Madurai.

(9) A woman on the steps of the Jama Masjid, Old Delhi.

Une femme sur les marches du Jama Masjid, le vieux Delhi.

Una mujer en las escaleras de la Jama Masjid, Antigua Delhi.

(11) An old man leans against the exquisitely carved sandstone pillar, Jaisalmer, Rajasthan.

Un vieil homme se penche contre le pilier de grès gravé extraordinairement, Jaisalmer, Rajasthan.

Un anciano se inclina ante el pilar de arenisca exquisitamente tallado, Jaisalmer, Rajastán.

(12) A young boy with a bright smile on his face, selling flags on Independence Day, Mumbai.

Un jeune garçon avec un sourire éclatant sur son visage, vendant des drapeaux le jour de l'indépendance, Mumbai.

Un niño de sonrisa luminosa vende banderolas durante el Día de la Independencia, Mumbai.

(13) Migrant worker makes her living by selling incense sticks, Delhi.

Le travailleur migrant gagne sa vie en vendant les bâtons d'encens, Delhi.

Una inmigrante se gana la vida vendiendo barritas de incienso, Delhi.

(14) Young Buddhist monks stand smiling in the remote Hemis Monastery, Ladakh.

Les jeunes moines bouddhistes souriants dans le monastère lointain de Hemis, Ladakh.

Los jóvenes monjes budistas sonríen en el remoto monasterio de Hemis, Ladakh.

(15) Two beautiful school girls with innocent smiles. In rural India, the percentage of girls going to schools is very low.

Deux jolies filles aux sourires innocents. En Inde rurale, le pourcentage de jeunes filles qui vont à l'école est très bas.

Dos colegialas hermosas con sonrisas inocentes. En la India rural, el porcentaje de niñas que asisten a las escuelas es muy bajo.

(16–17) A young boy serves sweets to the visitors to kill the bitter after-taste of opium, Rajasthan.

Un jeune garçon sert des bonbons aux visiteurs pour cacher l'après goût amer de l'opium, Rajasthan.

Un joven sirve dulces a los visitantes para matar el regusto amargo del opio, Rajastán.

(18) Brahmin priests sit under traditional umbrellas and assist pilgrims in performing religious rituals along the sacred waters of the Ganges.

Le prêtre Brahmane assis sous des ombrelles traditionnelles, aidant les pèlerins dans l'accomplissement de rites religieux, le long des eaux sacrées du Ganges.

Sacerdotes brahmanes se sientan bajo los paraguas tradicionales y ayudan a los peregrinos en para realizar rituales religiosos a lo largo de las aguas sagradas del Ganges.

(19) A high caste priest waits for pilgrims on the 'ghats' of Varanasi.

Un prêtre de caste haute attend les pèlerins sur les ghâts de Bénarès.

Un sacerdote de elevada casta espera la llegada de peregrinos sobre los "ghats" de Benarés.

(20–21) For Hindus to bathe in the river Ganges is life's most auspicious moment, Varanasi.

Pour les hindous, un bain dans le fleuve Gange est le moment le plus vénéré de la vie, Bénarès.

Para los hindúes, bañarse en el río Ganges es el momento más auspicioso de su vida, Benarés.

(22) An old man resting against the window of his hut. Madhya Pradesh.

Un vieil homme s'appuyant sur la fenêtre de sa hutte. Madhya Pradesh.

Un anciano apoyado en la ventana de su cabaña. Madhya Pradesh.

(23) A local guide poses for a photograph in front of the 16th century Palace of Winds at Fathepur Sikri. Agra.

Un guide local pose pour une photographie devant le Palais des Vents datant du 16ème siècle, à Fathepur Sikri. Agra.

Un guía local posa para una foto frente al Palacio de los Vientos del siglo 16 en Fathepur Sikri. Agra.

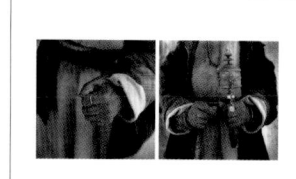

(24) The wrinkled hands of Buddhist pilgrims. Lamayuru, Ladakh.

Les mains ridées de pèlerins bouddhistes. Lamayuru, Ladakh.

Las manos arrugadas de peregrinos budistas. Lamayuru, Ladakh.

(25) A Buddhist pilgrim stands in front of a giant prayer wheel, with a yet smaller prayer wheel in his hand. Lamayuru Monastery, Ladakh.

Un pèlerin bouddhiste, se tenant debout devant un énorme moulin à prières, tenant un moulin à prières plus petit dans sa main. Lamayuru Monastery, Ladakh.

Un peregrino está parado delante de un molinillo gigante de oraciones, con un molinillo aún más pequeño de oración en la mano. Monasterio de Lamayuru, Ladakh.

(26) Pilgrims in the Lamayuru Monastery. The harsh climate of the region is reflected in the wrinkled contours of their faces. Ladakh.

Des pèlerins au monastère Lamayuru. Le climat rigoureux de la région se reflète dans les contours de leurs visages ridés. Ladakh.

Peregrinos en el Monasterio de Lamayuru. El clima duro de la región se refleja en los contornos arrugados de sus rostros. Ladakh.

(27) An old woman pilgrim. Lamayuru Monastery, Ladakh.

Une vieille femme pèlerine. Monastère Lamayuru, Ladakh. Lamayuru Monastery, Ladakh.

Una peregrina anciana. Monasterio de Lamayuru, Ladakh.

(28) Four generations of women having a hearty laugh. Jaipur, Rajasthan.

Quatre générations de femmes éclatant de rire. Jaipur, Rajasthan.

Cuatro generaciones de mujeres con una carcajada. Jaipur, Rajasthan.

(29) Christian nuns shying away from the camera and hiding behind an umbrella. Kerala.

Des nones chrétiennes fuyant les appareils photos et se cachant derrière une ombrelle. Kerala.

Monjas cristianas rehúyen de la cámara y escondiéndose detrás de un paraguas. Kerala.

(30) Students practice traditional dance in their classroom in Kalakshetra, Madras.

Les étudiants pratiquent la danse traditionnelle dans leur salle de classe à Kalakshetra, Madras.

Los estudiantes practican la danza tradicional en su clase en Kalakshetra, Madrás

(31) Postures and hand movements have specific significance in Indian classical dance, Nityagram Dance Village, Bangalore.

Les postures et les mouvements de main ont une signification spécifique dans la danse classique indienne, village de danse de Nityagram, Bangalore.

Las posturas y los movimientos de las manos tienen un significado específico en la danza clásica india, pueblo de danza de Nityagram, Bangalore.

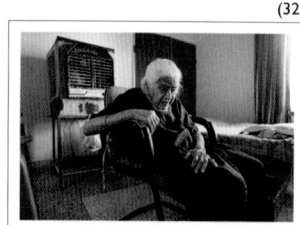

(32) In spite of losing her eyesight and suffering from severe osteoporosis, my grandmother, Vidhya Devi, lived till the age of 100 in this spartan room that was her entire world.

Malgré sa perte de vue et souffrant d'ostéoporose sévère, ma grand-mère, Vidhya Devi, vécut jusqu'à l'âge de 100 ans dans cette chambre spartiate qui était tout son monde.

A pesar de perder la vista y sufrir de osteoporosis severa, mi abuela, Vidya Devi, vivió hasta la edad de 100 años en esta habitación espartana que era su mundo entero.

(33)

Sikh farmers, with their distinctive turbans, gather for a village function. The severity of the climate and rural life is reflected on their faces. Punjab, North India.

Des agriculteurs sikhs, avec leurs turbans distinctifs, se rassemblent pour une cérémonie de village. La rigueur du climat et de la vie rurale se reflète sur leurs visages. Punjab, Inde du nord.

Agricultores Sij, con sus turbantes distintivos, se reúnen para una función del pueblo. La severidad del clima y la vida rural se refleja en sus rostros. Punjab, India del Norte.

(34–35)

Member of Parliament Harsimrit Badal, bringing awareness to the villagers in her constituency about barbaric and regressive practices like female foeticide and the dowry system.

Un membre du Parlement Harsimrit Badal, sensibilisant les villageois de sa circonscription sur les pratiques barbares et rétrogrades telles que le foeticide féminin et le système de la dot.

Miembro del Parlamento Harsimrit Badal, dando a conocer a los pobladores de su circunscripción sobre las prácticas bárbaras y regresivas como el feticidio femenino y el sistema de la dote.

(36)

House worker in Tamil Nadu.

Un travailleur de maison au Tamil Nadu.

Trabajador de casa en Tamil Nadu.

(37)

A local guide waits for visitors in Fatehpur Sikri, Agra.

Un guide local attend les visiteurs à Fatehpur Sikri, Agra.

Un guía local espera a los visitantes en Fatehpur Sikri, Agra.

(38)

An auto rickshaw stashed with happy school children literally tumbling out of it. Badami, North Karnatka.

Des écoliers joyeux cachés dans un pousse-pousse dégringolant littéralement de celui-ci. Badami, Karnatka du nord.

Un auto rickshaw lleno de niños escolares felices, literalmente cayendo fuera. Badami, North Karnatka.

(39)

In rural India, teachers in government-run primary schools, often disappear leaving their classes to fend for themselves.

En Inde rurale, les professeurs des écoles publiques primaires disparaissent souvent livrant leurs classes à elles-mêmes.

En la India rural, los maestros de las escuelas primarias administradas por el gobierno, se desaparecen a menudo dejando a sus clases para valerse por sí misma.

(40)

A Bollywood heartthrob gets ready for a photo session, Delhi.

Un acteur de Bollywood se prépare pour une session de photo, Delhi.

Un galán de Bollywood se prepara para una sesión de fotos, Delhi.

(41)

A young bride, in traditional Punjabi bridal clothes, waits anxiously for her wedding rituals, Delhi.

Une jeune mariée, dans les vêtements nuptiaux traditionnels de Punjabi, attend impatiemment les rituels de mariage, Delhi.

Una joven novia, con el atuendo de novia tradicional del Punyab, espera ansiosa los rituales de la boda, Delhi.

(42)

An elephant 'mahut' (trainer) takes rest in his vigorous schedule, Guruyavur, Kerala.

Un entraîneur d'éléphant (mahut) se repose au milieu de son programme rigoureux, Guruyavur, Kerala.

Un "majut" (domador) de elefantes descansa del ajetreo diario, Guruyavur, Kerala.

(43)

A Brahmin strikes a pose on his scooter, Haridwar, Uttaranchal.

Un Brahmane sur son scooter pose pour une photographie, Haridwar, Uttaranchal.

Un brahmán posa en su motocicleta, Haridwar, Uttaranchal.

(44)

A silk sari weaver collecting silk yarn from a spool. Varanasi.

Un tisserand de soie de saris collecte du fil de soie d'une bobine. Bénarès.

Un tejedor de sari de seda recogiendo hilo de seda de un carrete. Varanasi.

(45)

A master craftsman, weaving to create the magnificent Benarasi saris, using traditional patterns on ancient looms. Varanasi.

Un maître artisan tissant pour la confection de magnifiques saris de Bénarès, utilisant les motifs traditionnels sur d'anciens métiers à tisser. Bénarès.

Un artesano maestro, tejiendo para crear los magníficos saris Benarasi, utilizando los patrones tradicionales en telares antiguos. Varanasi.

(46)

A Rajasthani man looks for the best possible bargains at the Pushkar Camel Fair. Rajasthan.

Un homme rajasthani cherche les meilleures aubaines à la foire des chameaux de Pushkar. Rajasthan.

Un hombre Rajasthani busca las gangas mejores posibles en la Feria del Camello de Pushkar. Rajasthan.

(47)

Turbaned men from Rajasthan are the most handsome in the entire country.

Les hommes du Rajasthan en turban sont les plus beaux dans le pays entier.

Los hombres en turbantes de Rajastán son los más atractivos de todo el país.

(48)

A 'madari' or monkey entertainer, Mahabalipuram, Tamil Nadu.

Un "madar" ou l'amuseur de singe, Mahabalipuram, Tamil Nadu.

Un "madari" o feriante de monos, Mahabalipuram, Tamil Nadu.

(49)

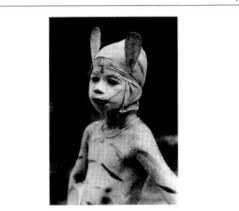

Young boy impersonating a tiger cub for Pulikali dance during the Onam Festival in Kerala.

Jeunes garçons personnifiant le tigre pour la danse de Pulikali pendant le festival d'Onam au Kerala.

Un niño da vida a un cachorro de tigre en la danza pulikali durante el festival de Onam en Kerala.

(50)

Brahmin priests in Kanchipuram, Tamil Nadu.

Les prêtres Brahmanes à Kanchipuram, Tamil Nadu.

Sacerdotes brahmanes en Kanchipuram, Tamil Nadu.

(51)

A sadhu in the Maha Kumbh Mela. Haridwar.

Un sadhu au Maha Kumbh Mela. Haridwar.

Un sadhu en la Feria de Maha Kumbh Mela. Haridwar.

(52)

A Naga sadhu shows his ability to tolerate pain as he wraps his penis around an iron rod and twists it. Maha Kumbh Mela, Haridwar.

Un sadhu Naga montre sa capacité de tolérance à la douleur en enroulant et tordant son pénis autour d'une barre de fer. Maha Kumbh Mela, Haridwar.

Un sadhu Naga muestra su capacidad para tolerar el dolor mientras se envuelve su pene alrededor de una barra de hierro y lo tuerce. Feria de Maha Kumbh Mela, Haridwar.

(53)

A sadhu swallows an iron trident to demonstrate the yogic skills of his penance, Modera, Gujarat.

Un sadhu avale un objet en fer pour démontrer ses qualifications de yogi, Modera, Goudjerate.

Un sadhu traga un tridente de hierro para demostrar las habilidades yóguicas de su penitencia, Modera, Gujarat.

(54)

A shepherd belonging to the Rabri tribe tending his flock of sheep.

Un berger de la tribu Rabri laissant son troupeau de moutons paître.

Un pastor de la tribu Rabri cuidando su rebaño de ovejas.

(55)

A Rabri shepherd with his typical 20 meter long turban.

Un berger Rabri avec son typique turban long de 20 mètres.

Un pastor Rabri con su turbante típico de 20 metros de largo.

(56–57)

Camel owners brew their morning tea at the annual Pushkar Fair.

Les propriétaires de chameau boivent leur thé du matin à la foire annuelle de Pushkar.

Los dueños de los camellos preparan su té matinal en la feria anual de Pushkar.

(58)

Coolies waiting for the next train at the Jaipur Railway Station. Jaipur, Rajasthan.

Des Coolies attendant le prochain train à la gare de chemin de fer de Jaipur. Jaipur. Rajasthan.

Los peones esperando el próximo tren en la estación de tren de Jaipur. Jaipur, Rajasthan.

(59)

Traditionally dressed pilgrims on their way to Palithana, a major pilgrimage centre for people of the Jain community. Saurashtra, Gujrat.

Des pèlerins habillés traditionnellement sur le chemin de Palithana, un important centre de pèlerinage pour les gens de la communauté Jain. Saurashtra, Gujrat.

Peregrinos vestidos tradicionalmente en su camino a Palithana, un centro importante de peregrinación para la gente de la comunidad de Jain. Saurashtra, Gujarat.

(60)

The hard-working Sikhs have made their mark in all spheres of life, Amritsar.

Les sikhs assidus ont fait leur marque dans toutes les sphères de la vie, Amritsar.

Los laboriosos sijs han dejado su huella en todas las facetas de la vida, Amritsar.

(61)

Karseva or community service that Sikh pilgrims undertake at the Golden Temple complex. Amritsar.

Karseva ou service communautaire que les pèlerins sikhs réalisent dans le complexe du Golden Temple. Amritsar.

Karseva o servicio a la comunidad que los peregrinos Sij realizan en el complejo del Templo de Oro. Amritsar.

(62)

Kailash Giri, a Naga sadhu, vows to spend the rest of his life standing upright. The swing in front is for him to doze off in while he maintains his standing position. Maha Kumbh Mela, Haridwar.

Kailash Giri, un sadhu Naga, fait voeu de passer le reste de sa vie debout, en position verticale. La balançoire devant lui est pour s'assoupir pendant qu'il maintient sa position debout. Maha Kumbh Mela, Haridwar.

Kailash Giri, un sadhu Naga, hace el voto de pasar el resto de su vida estando de pie. El columpio frente es apoyarle cuando se pone a dormir, así manteniendo su posición de pie. Feria de Maha Kumbh Mela, Haridwar.

(63)

(left) A Naga sadhu. Maha Kumbh Mela, Haridwar. (right) A Japanese Naga sadhu leading a procession during the Maha Kumbh Mela. Haridwar.

(à gauche) Un sadhu Naga. Maha Kumbh Mela, Haridwar. (à droite) Un sadhu Naga japonais à la tête d'une procession au cours du Maha Kumbh Mela. Haridwar.

(Izquierda) Un sadhu Naga. Feria de Maha Kumbh Mela, Haridwar. (Derecha) Un sadhu japonés Naga llevando una procesión durante la feria de Maha Kumbh Mela. Haridwar.

(64)

A sadhu, or a religious recluse, in front of the Brahma Temple in Pushkar.

Un sadhu, ou un recluse religieux, devant le temple de Brahma à Pushkar.

Un sadhu, o eremita, frente al templo de Brama en Pushkar.

(65)

A procession of Naga sadhus during the Maha Kumbh Mela. Haridwar.

Une procession de sadhus Naga pendant le Maha Kumbh Mela. Haridwar.

Una procesión de sadhus Naga durante la feria de Maha Kumbh Mela. Haridwar.

(66–67)

Camel drivers prepare themselves to cross the desert, Rajasthan.

Les conducteurs de chameau se préparent pour traverser le désert, Rajasthan.

Los conductores de camellos se preparan para cruzar el desierto, Rajastán.

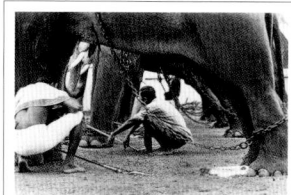

(68–69)

'Mahuts' or elephant drivers, keep guard of their elephants during a temple festival in Kerala.

Les "Mahuts" ou les conducteurs d'éléphant, garde leurs éléphants pendant un festival de temple au Kerala.

Los "majuts" o conductores de elefantes, cuidan sus elefantes durante un festival en un templo de Kerala.

(70)

In South India, elephants bless the faithful at the entrances of Hindu temples, Meenakshi Temple, Madurai.

Dans le sud de l'Inde, les éléphants bénissent les fidèles à l'entrée des temples hindous, temple de Meenakshi, Madurai.

En el sur de India, los elefantes bendicen a los feligreses a las entradas de los templos hindúes, templo de Minakshi, Madurai.

(71)

The elephants form an important part of the Maha Shivaratri procession in Kerala.

Les éléphants font une partie importante du cortège de Maha Shivaratri au Kerala.

Los elefantes son una parte importante de la procesión de Maja Shivaratri en Kerala.

(72–73)

Thousands of sadhus converge on the banks of the Ganges for 'shahi snan' or royal bath during the Maha Shivaratri procession in Kerala.

Des milliers de sadhus convergent sur les quais du Gange pour le bain royal ou le "shahi snan" pendant le festival de Kumbh, Haridwar.

Miles de sadhus se reúnen en las riberas del Ganges para el "shahi snan" o baño real durante el festival de Kumbh, Haridwar.

(74–75)

During 'Aarti', hundreds of 'diyas' or lamps are lit as an offering to the river Ganges, Varanasi.

Pendant le "arti", des centaines de "diyas" ou des lampes sont allumées en tant qu'offrande au fleuve Gange, Bénarès.

Durante el "arti", cientos de "diyas" o lámparas se encienden como ofrenda al río Ganges, Benarés.

(76)

Brahmin priests performing 'abhishekam', which is the ritual bathing of Lord Vishnu with milk. Cheena Belur.

Un prêtre brahmane interprétant 'abhishekam', le bain rituel de lait de Lord Vishnu. Cheena Belur.

Los sacerdotes brahmanes realizan 'abhishekam', que es el baño ritual de Lord Vishnu con leche. Cheena Belur.

(77)

Devotees throng around the life-sized brass statue of Nandi, the official vehicle of Lord Shiva. Jaipur.

Des fidèles se pressent autour de la statue, grandeur nature, en laiton, de Nandi, le véhicule officiel de Lord Shiva. Jaipur.

Los devotos se aglomeran alrededor de la estatua de bronce de tamaño natural de Nandi, el vehículo oficial de Lord Shiva. Jaipur.

(78)

A flower-seller on the banks of the Ganges. Varanasi.

Une marchande de fleurs sur les rives du Gange. Bénarès.

Un vendedor de flores en las orillas del Ganges. Varanasi.

(79)

Brahmin priest performing age old rituals on the pilgrims coming to bathe in the purifying waters of the Ganges.

Un prêtre brahmane accomplissant des rituels de vieillesse sur les pèlerins venus se baigner dans les eaux purificatrices du Gange.

Sacerdote brahmán realizando rituales antiguos en los peregrinos que vienen a bañarse en las aguas purificadoras del Ganges.

(80–81)

Gair dancers performing their traditional dance on the occasion of the Holi festival. Jaipur.

Des danseurs Gaïr effectuant leur danse traditionnelle à l'occasion de la fête Holi. Jaipur.

Los bailadores Gair realizando su danza tradicional con motivo de la fiesta de Holi. Jaipur.

(82)

A procession of Sikhs carrying the Guru Granth Sahib, the holy book of the Sikhs, to the Akal Takht. Golden Temple, Amritsar.

Une procession de Sikhs portant le Guru Granth Sahib, le livre sacré des Sikhs, à l'Akal Takht. Golden Temple, Amritsar.

Una procesión de los Sijs llevando el Guru Granth Sahib, el libro sagrado de los Sijs, al Akal Takht. Templo de Oro, Amritsar.

(83)

A group of Sikh pilgrims at the Golden Temple. Amritsar.

Un groupe de pèlerins sikhs au Golden Temple (Temple d'Or). Amritsar.

Un grupo de peregrinos Sij en el Templo de Oro. Amritsar.

(84)

In the Sikh religion, doing manual work is said to bring religious merit. The Golden Temple, Amritsar.

Dans la religion Sikh, il est dit que le travail manuel apporte du mérite religieux. The Golden Temple, Amritsar.

En la religión Sij, se dice que haciendo el trabajo manual trae mérito religioso. El Templo de Oro, Amritsar.

(85)

Giant pots used for preparing food for thousands who come everyday for the langar in the Golden Temple. Amritsar.

Des pots géants utilisés pour la préparation de la nourriture pour des milliers de gens qui viennent tous les jours pour le langar au Golden Temple. Amritsar.

Ollas gigantes utilizadas para la preparación de alimentos para miles de personas que vienen todos los días para el Langar en el Templo de Oro. Amritsar.

(86)

Devotees drink the sacred water from the traditional pots called 'lotas', Gurudwara Bangla Sahib, Delhi.

Les passionnés boivent de l'eau sacrée des pots traditionnels appelés les "lotas", Gurudwara Bangla Sahib, Delhi.

Los devotos beben el agua sagrada en los recipientes tradicionales llamados "lotas", gurudwara Bangla Sahib, Delhi.

(87)

Faithful devotees receiving prashad, the sacred food offering, after the aarti ceremony. Dashwamedh Ghat, Varanasi.

Des fidèles dévots reçoivent le prashad, l'offrande de la nourriture sacrée, après la cérémonie Aarti. Dashwamedh Ghat, Bénarès.

Devotos fieles reciben Prashad, la oferta sagrada de alimento, después de la ceremonia de Aarti. Dashwamedh Ghat, Varanasi.

(88–89)

(90)

(91)

(92–93)

(94)

(95)

Young Brahmin students in Varanasi, studying the ancient Hindu scriptures, handed down through the centuries in an unbroken line of oral tradition.

Des étudiants brahmanes jeunes à Bénarès, étudiant les anciennes écritures hindoues, transmises à travers les siècles directement de la tradition orale.

Los estudiantes jóvenes brahmanes en Varanasi, estudiando las antiguas escrituras hindúes, transmitida a lo largo de los siglos en una línea ininterrumpida de la tradición oral.

Sadhus smoke pot as part of their devotion to the 'Maha Yogi', Lord Shiva, Pushkar.

Les Sadhus fument un herbe comme un élément de leur dévotion au "Maha Yogi", le seigneur Shiva, Pushkar.

Los sadhus fuman opio como parte de su devoción al "maja yogui", el señor Shiva, Pushkar.

A Naga sadhu leads a procession of devotees during the Kumbh Mela. Haridwar.

Un sadhu Naga à la tête d'une procession de fidèles pendant le Kumbh Mela. Haridwar.

Un sadhu Naga dirige una procesión de devotos durante la feria de Kumbh Mela. Haridwar.

A procession of Naga sadhus during the Maha Kumbh Mela. Haridwar.

Une procession de sadhus Naga pendant le Maha Kumbh Mela. Haridwar.

Una procesión de sadhus Naga durante la feria de Maha Kumbh Mela. Haridwar.

A villager dressed as a demigod, pierces the cheek of one devotee with bamboo needles as mark of penance. Village near Hospet.

Un villageois habillé en demi-dieu, perce la joue d'un dévot avec des aiguilles en bambou en signe de pénitence. Village près de Hospet.

Un aldeano vestido como un semidiós, agujerea la mejilla de un devoto con agujas de bambú como signo de penitencia. pueblo cerca de Hospet.

A Brahmin priest conducting a religious ceremony for a pilgrim. Meenakshi Temple, Madurai.

Un prêtre brahmane réalisant une cérémonie religieuse pour un pèlerin. Meenakshi Temple, Madurai.

Un sacerdote brahmán realizando una ceremonia religiosa para un peregrino. Templo Meenakshi, Madurai.

(96)

(97)

(98)

(99)

(100–101)

(102)

A Muslim uses the cusped arches of the mosque to offer prayers to the almighty, Jama Masjid, Delhi.

Un musulman utilise les points voûtes de la mosquée pour offrir des prières au tout-puissant, Jama Masjid, Delhi.

Un musulmán utiliza los puntiagudos arcos de la mezquita para ofrecer plegarias al Todopoderoso, Jama Masjid, Delhi.

A faithful is seen praying on the marble floors of 17th-century Jama Masjid mosque, Delhi.

Un fidèle offre ses prières sur le sol en marbre de la mosquée du 17ème siècle, le Jama Masjid siècle, Delhi.

Un fiel ora sobre los suelos de mármol de la mezquita del siglo XVII Jama Masjid, Delhi.

Students gather under the Banyan tree to seek blessings of Lord Ganesha, Kalak shetra, Madras.

Les étudiants se réunissent sous l'arbre pour recevoir des bénédictions de seigneur Ganesa, Kalakshetra, Madras.

Los estudiantes se reúnen bajo el baniano para recibir las bendiciones del señor Ganesha, Kalakshetra, Madras.

A group of villagers doing some brisk shopping at the Pushkar Fair. Rajasthan.

Un groupe de villageois faisant les courses rapidement à la foire de Pushkar. Rajasthan.

Un grupo de aldeanos haciendo algunas compras a paso en la Feria de Pushkar. Rajasthan.

A bridegroom accompanied by his family walks in a procession, Rajasthan.

Un marié accompagné de sa famillle marche dans un cortège, Rajasthan.

Un novio, acompañado por su familia, camina en la procesión, Rajastán.

Amritanandamayi or Amma as she is popularly known, blesses her disciples by hugging them. She has embraced more than 32 million people throughout the world in over 30 years.

Amritanandamayi, ou populairement connue comme Amma, bénit ses disciples en les prenant dans ses bras. Elle a étreint plus de 32 millions de personnes à travers le monde, en plus de 30 ans.

Amritanandamayi o Amma como se le conoce popularmente, bendice a sus discípulos por abrazarlos. Ella ha abrazado a más de 32 millones de personas en todo el mundo en más de 30 años.

(103)

(104)

(105)

(106–107)

(108)

(109)

A pandal or stage being erected to welcome India's leading spiritual guru, Amma.

Un pandal ou une scène en construction pour recevoir l'important guru (maître spirituel) d'Inde, Amma.

Se está construyendo un pandal o plataforma para dar la bienvenida a la gurú espiritual principal de la India, Amma.

A 'shikara' or local boat glides through the placid waters of the Dal Lake, Srinagar, Kashmir.

Un "shikara" ou un bateau local flotte sur les eaux placides du lac dal, Srinagar, Cachemire.

Una ""shikara" barca local flota sobre las serenas aguas del lago Dal, Srinagar, Kashmir.

A Christian shrine on a hill overlooks the Anjuna beach, Goa.

Un tombeau chrétien sur une colline donne sur la plage d'Anjuna, Goa.

Un templo cristiano en lo alto de una colina sobre la playa de Anyuna, Goa.

Sunrise in the Ganges is the most auspicious hour for Hindus, Varanasi.

Le lever du soleil dans le Gange est l'heure la plus propice pour des hindous, Bénarès.

El amanecer en el Ganges en la hora más auspiciosa para los hindúes, Benarés.

At dawn, the Dal Lake comes alive with the floating market, Srinagar, Kashmir.

A l'aube, le lac dal devient vivant grâce au marché flottant, Srinagar, Cachemire.

Al atardecer, el lago Dal cobra vida con el mercado flotante, Srinagar, Cachemira.

Migrant agricultural labour working on sugarcane fields. They sleep in the field itself, in typical canvas tents, as seen in the picture.

Des travailleurs migrants agricoles travaillant dans les champs de canne à sucre. Ils dorment dans les champs mêmes, dans des tentes typiques, comme on peut le voir sur la photo.

Trabajo agrícola migrante que trabaja en los campos de caña de azúcar. Duermen en el propio campo, en tiendas de lona típicas, como se ve en la imagen.

(110)

(111)

(112–113)

(114)

(115)

(116)

A nomad belonging to the Rabari tribe, with his flock of sheep, Rajasthan.

Un nomade appartenant à la tribu de Rabari, avec sa bande de moutons, Rajasthan.

Un nómada de la tribu de los Rabari con su rebaño de ovejas, Rajastán.

A camel driver leads his camel to an oasis over the dunes of the Thar Desert in Rajasthan.

Un conducteur de chameau mène son chameau à une oasis au-dessus des dunes du désert de Thar au Rajasthan.

Un conductor de camellos lleva a su camello a un oasis sobre las dunas del desierto de Thar en Rajastán.

The Taj Mahal, as seen from the dry riverbed of the Yamuna. Agra.

Le Taj Mahal, vu depuis le lit sec de la Yamuna. Agra.

El Taj Mahal, visto desde el cauce seco del río Yamuna. Agra.

The Thiksey Monastery in Ladakh has a strong resemblance to the Patola Palace of Tibet.

Le monastère de Thiksey à Ladakh a une ressemblance forte au palais de Patola à Tibet.

El monasterio de Thiksey en Ladakh guarda una gran semejanza con el Palacio de Patola en el Tíbet.

Chortens are Himalayan relic shrines that also serve as memorial stupas for the departed soul.

Les chortens sont les sanctuaires de reliques dans l'Himalaya qui servent également de stupas commémoratifs aux morts.

Los chortens son antiguos lugares sagrados de los Himalayas que también sirven como estupas en memoria de las almas que han partido.

A Buddhist monk and his novice look out from the Thiksey Monastery, Ladakh.

Un moine bouddhiste et son regardent innocent regarde en dehors du monastère de Thiksey, Ladakh.

Un monje budista y su novicio miran al exterior desde el monasterio de Thiksey, Ladakh.

(117)

Prayer trumpets rest on the roof of the Thiksey Monastery in Ladakh.

Les trompettes de prière se reposent sur le toit du monastère de Thiksey à Ladakh.

Las trompetas de oración descansan en el tejado del monasterio de Thiksey, en Ladhak.

(118)

Time wrapped Lamayuru Monastery is stunningly located surrounded by high mountain passes, Ladakh.

Le monastère de Lamayuru enveloppé par Temps se trouve dans un endroit éblouissant entouré des passages élevés de montagne, Ladakh.

El monasterio de Lamayuru, inmemorial, encuentra hermosamente situado entre elevados pasos de montaña, Ladakh.

(119)

Prayer flags flutter in the cool Himalayan breeze, Paro, Bhutan.

Les drapeaux de prière flottent dans la brise fraîche de l'Himalaya, Paro, Bhoutan.

Las banderolas de oración ondean en la fresca brisa de los Himalayas, Paro, Bhután.

(120–121)

Confluence of the Indus and Zanzkar rivers, Nimmu, Ladakh.

Confluent des fleuves Indus et Zanzkar, Nimmu, Ladakh.

Confluencia de los ríos Indus y Zanzkar, Nimmu, Ladakh.

(122)

Rising on the edges of Lake Pichola is the City Palace in Udaipur. Udaipur, Rajasthan.

Le City Palace d'Udaipur s'élevant sur les bords du lac Pichola. Udaipur, Rajasthan.

Emergiendo en los bordes del lago Pichola es el Palacio de la Ciudad en Udaipur. Udaipur, Rajasthan.

(123)

Crowds gather on the banks of Lake Pichola to witness a Teej procession. Udaipur, Rajasthan.

La foule se rassemble sur les rives du lac Pichola pour assister à une procession. Udaipur, Rajasthan.

Multitudes se reúnen en las orillas del lago Pichola para presenciar una procesión de Teej. Udaipur, Rajasthan.

(124)

A Kashmiri woman glides past a giant lotus cultivation patch on the Dal Lake. Srinagar.

Une femme du Cachemire survolant un énorme champ de lotus au lac Dal. Srinagar.

Una mujer de Cachemira se desliza más allá de un parche de cultivo de loto gigante en el lago Dal. Srinagar.

(125)

A small provision store sells essential goods to the people living on the Dal Lake. Srinagar.

Un petit magasin vend des produits essentiels aux habitants du lac Dal. Srinagar.

Una tienda pequeña de provisiones vende artículos de primera necesidad a las personas que viven en el lago Dal. Srinagar.

(126)

Water 'taxi' ferry passengers in the backwaters of Kerala.

Le taxi sur l'eau transporte les passagers dans les backwaters du Kerala.

Pasajeros de un ferry, "taxi" de agua, en los remansos de Kerala.

(127)

Palm trees sway over the tranquil backwaters, Aellepy, Kerala.

Les arbres de palme se balancent au-dessus des backwaters tranquilles, Aellepy, Kerala.

Las palmeras ondean sobre los tranquilos remansos, Aellepy, Kerala.

(128)

Coconut trees frame against the monsoon clouds in Kerala.

Un cadre des cocotiers pour les nuages de mousson au Kerala.

Marco de cocoteros sobre nubes de monzón en Kerala.

(129)

Workers harvesting salt in the saline fields of South India.

Les ouvriers moissonnant le sel dans les domaines salins de l'Inde du sud.

Trabajadores recogiendo sal en las salinas del sur de India.

(130–131)

Chinese fishing nets dramatically silhouette against the setting sun, Cochin, Kerala.

Les filets de pêche chinois silhouettent contre le couché du soleil, Cochin, Kerala.

Las redes de pesca chinas se perfilan con dramatismo sobre la puesta de sol, Cochin, Kerala.

(132)

Women pray in the river Jamuna. In the background stands out the glorious Taj Mahal, Agra.

Les femmes prient dans le fleuve Jamuna. Dans le fond se trouve le Taj Mahal glorieux, Agra.

Las mujeres rezan en el río Yamuna. Al fondo destaca el glorioso Taj Majal, Agra.

(133)

At sunrise, many pilgrims feed birds as an act of charity. River Ganges, Varanasi.

Au lever du soleil, de nombreux pèlerins nourrissent des oiseaux en tant qu'acte de charité. La rivière du Gange, Bénarès.

A la salida del sol, muchos peregrinos dan comida a las aves como un acto de caridad. Río Ganges, Varanasi.

(134)

Crowds hang close to the open doors of the local train for some fresh air, Bombay.

Les foules s'accrochent près des portes ouvertes du train local pour de l'air frais, Bombay.

Las gentes se sostienen junto a las puertas abiertas del tren urbano para conseguir aire fresco, Bombay.

(135)

A rickshaw puller rests on the sidewalk of Calcutta.

Un conducteur de cyclo-pousse se repose sur le trottoir de Calcutta.

Un tirador de rickshaw descansa en una calle de Calcuta.

(136)

Everyday, this bull sits in front of Lord Shiva's statue at the far end of this shop. Neither the shopkeepers nor the customers are perturbed by its presence. Incidentally, in Hindu mythology, the bull is the favoured vehicle of Lord Shiva.

Chaque jour, ce taureau s'assoit devant la statue de Lord Shiva à l'autre bout de ce magasin. Ni les commerçants, ni les clients sont perturbés par sa présence. Par ailleurs, dans la mythologie hindoue, le taureau est le véhicule privilégié de Lord Shiva.

Todos los días, este toro se sienta delante de la estatua del Dios Shiva en el otro extremo de la tienda. Ni los comerciantes ni los clientes los están perturbados por su presencia. Por cierto, en la mitología hindú, el toro es el vehículo preferido del dios Shiva.

(137)

Cows are considered sacred in India. More often than not, one will find them sitting in the middle of busy streets and main roads.

Les vaches sont sacrées en Inde. La plupart du temps, on les trouve assises au milieu de rues animées et des routes principales.

Las vacas son consideradas sagradas en la India. Muy a menudo, se encontrará sentadas en medio de calles muy transitadas y carreteras principales.

(138–139)

A barber is engrossed in his work in a corner of the street, Varanasi.

Le coiffeur est pris par son travail au coin de la rue, Varanasi.

Un barbero concentrado en su trabajo en una esquina de la calle, Benarés.

(140)

An artist putting final touch to the clay and grass idol of Goddess Durga, Calcutta.

Un artiste mettant les touches finales à l'idole de la déesse Durga en argile et herbe, Calcutta.

Un artista da el toque final al ídolo de arcilla y paja de la diosa Durga, Calcuta.

(141)

A street artist shows his artistry on the sidewalk of Calcutta, hoping that the pedestrians will drop him some coins.

Un artiste de rue montre son art sur le trottoir de Calcutta, espérant que les piétons le laisseront quelques pièces de monnaie.

Un artista callejero muestra su arte en una calle de Calcuta, con la esperanza de que los peatones le dejen unas monedas.

(142–143)

Indian streets are full of life, as is evident from this communal bathing spot at a busy crossing in Calcutta.

Les rues indiennes sont pleines de vie, comme il apparaît sur ce lieu commun de baignade, très fréquenté, à Calcutta.

Calles indias están llenas de vida, como se desprende de este lugar de baño común en un cruce concurrido en Calcuta.

(144)

A shopkeeper selling religious paraphernalia. Varanasi.

Un commerçant vendant des objets religieux. Bénarès.

Un tendero vendiendo parafernalia religiosa. Varanasi.

(145)

A woman deep in thought while making a purchase. Jaipur.

Une femme plongée dans ses pensées pendant qu'elle fait un achat. Jaipur.

Una mujer sumida en sus pensamientos mientras hace una compra. Jaipur.

(146)

A Mumbai local train off-peak hour. VT Station, Mumbai.

Un train local de Bombay, en heure creuse. Gare de VT, Bombay.

Un tren local de Mumbai fuera de horas punta. VT Station, Mumbai.

(147)

Two friends on their way back home from school, in the local train, Bombay.

Deux amis sur leur chemin de retour de l'école, dans le train local, Bombay.

Dos amigos de vuelta a casa desde la escuela, en el tren local, Bombay.

(148)

Sadhu, pilgrim and goats all bask in the morning sun on the 'ghats' of Varanasi.

Le sadhu, le pèlerin et les chèvres, tous se dorent sous le soleil du matin sur les ghâts de Bénarès.

Sadhu, peregrino y cabras, todos se solazan al sol de la mañana en los "ghats" de Benarés.

(149)

Two mechanics sit in the winter sun with their sacrificial goats kept warm in gunnysacks, Old Delhi.

Deux mécaniques s'assoient au soleil pendant l'hiver avec leurs chèvres, pour le sacrifice, maintenues chaudes dans une toile de jute, vieux Delhi.

Dos mecánicos se sientan al sol de invierno con sus cabras sacrificiales que se mantienen calientes en sacos de esparto, Antigua Delhi.

(150)

A poultry merchant, Old Delhi.

Un négociant de volaille, vieux Delhi.

Un mercader de aves de corral, Antigua Delhi.

(151)

A fish merchant, Old Delhi.

Un négociant de poisson, vieux Delhi.

Un mercader de pescado, Antigua Delhi.

(152)

A lone light-man, atop a bamboo ladder, tries to fix an electrical fault in a busy and crowded intersection in Varanasi.

Un homme seul, au sommet d'une échelle en bambou, tente de réparer une panne électrique dans un carrefour très fréquenté et bondé à Bénarès.

Un hombre solitario de luz, en lo alto de una escalera de bambú, trata de arreglar una avería eléctrica en un cruce muy concurrido y lleno de gente en Varanasi.

(153)

Muslim weavers contemplate on crossing the chaotic traffic of Varanasi.

Les tisserands musulmans contemplent lors de leur passage, le trafic chaotique de Bénarès.

Los tejedores musulmanes consideran el cruzar entre el caótico tráfico de Benarés.

(154)

A child street performer does the balancing act on a stretched rope while his father looks on. Pondicherry, South India.

Un artiste de rue enfant fait l'équilibre sur une corde tendue tandis que son père regarde. Pondichéry, Inde du Sud.

Un artista callejero niño hace el acto de equilibrio en una cuerda estirada mientras su padre observa. Pondichery, India del sur.

(155)

A child artist performs the rope trick balanced on the tin plate, Jaipur.

Un jeune artiste exécute le tour de corde équilibré sur le fer blanc, Jaipur.

Un niño artista realiza el número de la cuerda haciendo equilibrios sobre un plato de hojalata, Jaipur.

(156–157)

The flower market in Calcutta is a place full of an amazing energy and vibrancy. Truckloads of flowers are sold every minute here. Calcutta.

Le marché aux fleurs de Calcutta est un lieu plein d'une incroyable énergie et vitalité. Des chargements de camions de fleurs sont vendus chaque minute. Calcutta.

El mercado de flores en Calcuta, es un lugar lleno de una energía increíble y vitalidad. Se venden camionadas de flores cada minuto aquí. Calcuta.

(158)

Barbers at work on the streets of Old Delhi.

Les coiffeurs au travail sur les rues de vieux Delhi.

Barberos trabajando en las calles de la Antigua Delhi.

(159)

A typical early morning street scene with a newspaper vendor waiting for the day's customers. Varanasi.

A l'aube, une scène de rue typique avec un vendeur de journaux attendant les clients du jour. Bénarès.

Una típica escena de calle temprano por la mañana con un vendedor de periódicos esperando a los clientes del día. Varanasi.

(160)

Dying breed of street photographers with their antiquated box cameras. Jaipur, Rajasthan.

Des photographes de rue avec leurs vieux appareils photos, devenus très rares. Jaipur, Rajasthan.

Raza cada vez menos común de fotógrafos de la calle con sus cámaras de cajón anticuadas. Jaipur, Rajasthan.

(161)

A street photographer, with his antique box camera, awaiting clients on the sidewalk, Jaipur.

Un photographe de rue, avec son appareil photo antique, attende les clients sur le trottoir, Jaipur.

Un fotógrafo callejero, con su antigua cámara de caja, espera clientes en una calle de Jaipur.

(162)

People in India, apart from being photogenic, also love to be photographed, Old Delhi.

Les indiens, en plus d'être photogènes, aiment également être photographiés, vieux Delhi.

Las gentes de India, además de ser fotogénicas, gustan de ser fotografiadas, Antigua Delhi.

(163)

Two friends hang out on the roadside café of Varanasi.

Deux amis se traînent au café de bord de la route de Bénarès.

Dos amigos se relajan en un café de Benarés.

(164)

Young dancers entertaining visitors with their folk dances on the streets of Jaisalmer, Rajasthan.

Jeunes danseurs divertissant les visiteurs avec leurs danses folkloriques sur les rues de Jaisalmer, Rajasthan.

Los jóvenes danzantes divierten a los visitantes con sus bailes populares en las calles de Jaisalmer, Rajastán.

(165)

Smiling children in the weavers' village of Madurai crowd to be in the frame.

Les enfants souriant du village dans tisserands de Madurai, se rassemblent pour être dans le cadre.

Los risueños niños del pueblo de tejedores de Madurai se aglomeran para salir en el encuadre.

(166)

A coconut vendor. Crawford Market, Mumbai.

Un vendeur de noix de coco. Crawford Market, Bombay.

Un vendedor de coco. Crawford Mercado, Mumbai.

(167)

An old woman selling beetle leaves. Devraja Market, Mysore.

Une vieille femme qui vend des feuilles de bétel. Devraja Market, Mysore.

Una anciana vendiendo hojas de escarabajos. Devraja Mercado, de Mysore.

(168)

A professional ear cleaner at work on the sidewalk, Old Delhi.

Un nettoyeur d'oreille professionnel au travail sur le trottoir de vieux Delhi.

Un limpiador de orejas profesional trabajando en una acera, Antigua Delhi.

(169)

A 'dhobi' or washer man at work, Mahalaxmi, Bombay.

Un "dhobi" ou un laveur au travail, Mahalaxmi, Bombay.

Un "dhobi" o lavador de ropa trabajando, Mahalaxmi, Bombay.

(170) Crowds coming out from the local train at Victoria Terminus Station, Bombay.

La foule à la sortie du train local à la station Victoria Terminus, Bombay.

La multitud saliendo del tren urbano en la estación de Victoria Terminus, Bombay.

(171) In the rush to reach home, millions of pilgrims returning from the Kumbh Mela, hang on to any part of the train they can lay their hands on.

Pressés pour rentrer chez eux, des millions de pèlerins reviennent du Kumbh Mela, s'accrochant au moindre recoin du train, à portée de main.

En la prisa por llegar a casa, millones de peregrinos regresando de la feria de Kumbh Mela, se aferran a cualquier parte del tren que puedan poner en sus manos.

(172) Professionals help in filling out reservation forms at Mumbai's Victoria Terminus Railways Station.

Des professionnels aident à remplir les formulaires de réservation à la gare de trains Victoria Terminus, à Bombay.

Profesionales ayudan para llenar formularios de reserva en Terminus Victoria de Ferrocarriles en Mumbai.

(173) A 'chaiwalla', tea maker, proudly pours his wares into a glass, Calcutta.

Un "chaiwalla", le fabricant de thé, verse fièrement ses articles dans un verre, Calcutta.

Un "chaiwalla", vendedor de te, escancia orgulloso su mercancía en un vaso, Calcuta.

(174) A hand-drawn rickshaw carries its customer through the busy by-lanes of Calcutta. It's the only place in India where man substitutes the animal in pulling a load. Calcutta.

Un pousse-pousse transporte, de ses bras, ses clients à travers les sous-voies bondées de Calcutta. C'est le seul endroit en Inde où l'homme remplace l'animal pour tirer une charge. Calcutta.

Un rickshaw tirado a mano transporta a su cliente a través de los carriles concurridos de Calcuta. Es el único lugar en la India, donde el hombre sustituye a los animales para tirar una carga. Calcuta.

(175) A coolie carrying a mountain pile of bananas on his head. In spite of his advanced age, he has to toil and labour hard to earn his daily wages. Devaraja Market, Mysore.

Un coolie portant une pile de montagne de bananes sur sa tête. Malgré son âge avancé, il doit peiner et travailler dur pour gagner son salaire journalier. Devaraja Market, Mysore.

Un peón que lleva una montaña de plátanos en la cabeza. A pesar de su avanzada edad, él tiene que trabajar y trabajar duro para ganar su salario diario. Devaraja Mercado, de Mysore.

(176) Time seems to stand still at this Bengali pharmacist's consultancy. Varanasi.

Le temps semble s'être arrêté au cabinet de ce pharmacien du Bengale. Bénarès.

El tiempo parece haberse detenido en esta consultoría farmacéutico bengalí. Varanasi.

(177) Two brothers, who are tobacco merchants, are seen catching up on the news. Jaipur.

Deux frères, des marchands de tabac, aux informations. Jaipur.

Dos hermanos, que son los comerciantes de tabaco, se ven ponerse al día con las noticias. Jaipur.

(178) The Bahá'í Temple in Delhi symbolizes the modern architectural heritage of India, Delhi.

Le temple Bahá'í à Delhi symbolise l'héritage architectural moderne de l'Inde, Delhi.

El templo de la fe bahá'í en Delhi simboliza el patrimonio arquitectónico moderno de India, Delhi.

(179) A pool of nectar surrounds the Golden Temple, popularly known as Harmandir Sahib, Amritsar.

Une piscine de nectar entoure le Golden Temple, populairement connu sous le nom de Harmandir Sahib, Amritsar.

Un estanque de néctar rodea el Templo Dorado, conocido popularmente como Harmandir Sabih, Amritsar.

(180–181) The spectacularly intricate detail work on the roof of Ranakpur Temple. Ranakpur, near Udaipur.

Le travail spectaculaire, complexe et détaillé, sur le toit du Ranakpur Temple. Ranakpur, près d'Udaipur.

El trabajo espectacular intrínsecamente detallado en la azotea del templo de Ranakpur. Ranakpur, cerca de Udaipur.

(182) The marble tomb of Salim Chishti stands in the courtyard of the mosque in Fatehpur Sikri, Agra.

Le tombeau en marbre de Salim Chishti se trouve dans la cour de la mosquée à Fatehpur Sikri, Agra.

La tumba de mármol de Salim Chishti se alza en el patio de la mezquita en Fathepur Sikri, Agra.

(183) Although a Muslim emperor built the Fatehpur Sikri, it incorporates many Hindu elements in its architecture, Agra.

Bien qu'un empereur musulman ait construit le Fatehpur Sikri, il incorpore beaucoup d'éléments hindous dans son architecture, Agra.

A pesar de que un emperador musulmán construyó Fatehpur Sikri, esta incorpora muchos elementos hindúes en su arquitectura, Agra.

(184) The onion shaped domes of Jama Masjid look imposing over crowded lanes of Old Delhi.

Les dômes en forme d'oignon de Jama Masjid, s'imposent sur les rues serrées de vieux Delhi.

Las cúpulas en forma de cebolla de la Jama Masjid figuran impresionantes sobre las concurridas calles de la Antigua Delhi.

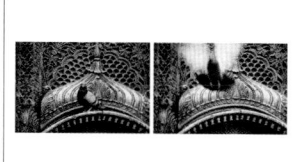

(185) A pigeon in a sandstone 'jharokha' or carved window, Meherangarh Fort, Jodhpur.

Un pigeon dans un "jharokha" de grès ou la fenêtre gravée, fort de Meherangarh, Jodhpur.

Una paloma en una "jharokha", o ventana tallada, de arenisca en el fuerte de Meherangarh, Jodhpur.

(186–187) The breathtakingly unique architecture of the abandoned 16th century city of Fatehpur Sikri. Agra.

L'architecture unique, à en couper le souffle, de la ville abandonnée, du 16ème siècle, de Fatehpur Sikri. Agra.

La arquitectura impresionante y única de la ciudad abandonada del siglo 16 de Fatehpur Sikri. Agra.

(188) Eighteenth-century Jantar Mantar in Jaipur looks surprisingly futuristic even today.

Le Jantar Mantar du 18ème siècle à Jaipur est très futuriste même aujourd'hui.

El dieciochesco Jantar Mantar de Jaipur se ve increíblemente futurista incluso hoy en día.

(189) The founder of Jaipur, Raja Jai Singh built the Jantar Mantar in 1728 to study the movement of the heavenly bodies.

Le fondateur de Jaipur, Raja Jai Singh a construit le Jantar Mantar en 1728 pour étudier le mouvement des corps célestes.

El fundador de jaipur, el rajá Jai Singh, construyó el Jantar Mantar en 1728 para estudiar el movimiento de los cuerpos celestes.

(190) The Bhool Bhoolaiyan (a labyrinth), is a maze of narrow arched passages on the top floor of the Bara Imambara, a Shia Muslim shrine in Lucknow.

Le Bhool Bhoolaiyan est un labyrinthe aux passages étroits et voûtés, se trouvant au dernier étage de l'Imambara Bara, un sanctuaire musulman chiite à Lucknow.

El Bhool Bhoolaiyan (un laberinto), es un laberinto de pasajes estrechos con arcos en la planta superior de la Bara Imambara, un santuario chiíta musulmán en Lucknow.

(191) A step-well or baoli (ancient water reservoirs) in the legendary medieval city of Mandu, in Madhya Pradesh.

Une citerne ou baoli (anciens réservoirs d'eau) dans la légendaire cité médiévale de Mandu, à Madhya Pradesh.

Un pozo con paso o baoli (depósitos antiguos de agua) en la legendaria ciudad medieval de Mandu, en Madhya Pradesh.

(192) The Taj Mahal, built in the seventeenth century, is the epitome of the Mughal architecture, Agra.

Le Taj Mahal, construit au dix-septième siècle, est l'épitomé de l'architecture moghol, Agra.

El Taj Majal, construido en el siglo XVII, es el epítome de la arquitectura mogola, Agra.

(193) Taj Mahal, as seen from the mosque, Agra.

Le Taj Mahal, vu de la mosquée, Agra.

Taj Mahal, visto desde la mezquita, Agra.

(194) Stucco details of the Quli Qutb Shah tomb complex, on the outskirts of Hyderabad.

Des décorations en stuc du complexe funéraire de Quli Qutb Shah, à la périphérie de Hyderabad.

Detalles del estuco del complejo de tumbas de Quli Qutb Shah, en las afueras de Hyderabad.

(195) Charminar (or the four minarets) is a landmark of Hyderabad.

Charminar (ou les quatre minarets) est un point de repère à Hyderabad.

Charminar (o los cuatro minaretes) es un punto de referencia de Hyderabad.

(196)

Weary travellers lean against granite columns in Meenakshi Temple, Madurai.

Les voyageurs las se penchent contre les colonnes de granit dans le temple de Meenakshi, Madurai.

Los exhaustos viajeros se inclinan ante columnas de granito en el templo de Minakshi, Madurai.

(197)

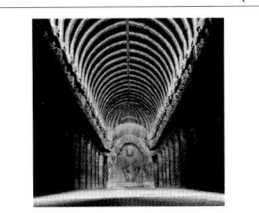

The principal entrance of the Meenakshi Temple is lined, on both sides, with shops selling religious paraphernalia. Madurai.

L'entrée principale du temple de Meenakshi est bordée, des deux côtés, de magasins vendant des objets religieux. Madurai.

La entrada principal del templo Meenakshi está revestida, en ambos lados, con tiendas de parafernalia religiosa. Madurai.

(198)

This 8th century chaitya or prayer hall's ceiling has been carved to imitate the wooden beams of an ancient temple structure. At the end of this cave is a 15 feet tall statue of Buddha seated in a preaching position, built into the stupa itself. Cave no. 10, Ellora.

Cette chaitya du 8ème siècle ou le plafond d'une salle de prière a été sculpté pour imiter les poutres en bois de la structure d'un temple antique. Au fond de cette grotte se trouve une statue de 15 pieds de haut du Bouddha assis en position de prédication, construit dans le stupa même. Grotte no.10, Ellora.

Esta chaitya del siglo octavo o el techo de sala de oración ha sido tallado a imitar las vigas de madera de una estructura de templo antiguo. Al final de esta cueva se encuentra una estatua de Buda de 15 pies de altura sentado en posición de predicar, construido en el propio stupa. Cave no. 10, Ellora.

(199)

A giant 'baoli' or step-well was once part of the 10th-century Sun Temple, Modera, Gujarat.

Un "baoli" géant ou un puit avec des marches faisait, dans le passé, une partie du temple du Soleil du 10ème siècle, Modera, Goudjerate.

Un "baoli" gigante o pozo con peldaños, que una vez formó parte de un templo del sol del siglo X, Modera, Gujarat.

(200)

The 12th century Chennakesava temple in Belur. One of the most beautiful examples of Hoysala architecture, with its hallmark star-shaped platform and exquisitely carved detailing. Belur, Karnataka.

Le temple du 12ème siècle Chennakesava, à Belur. Un des plus beaux exemples de l'architecture Hoysala, avec, pour caractéristique principale, une plateforme en forme d'étoile et aux détails délicatement sculptés. Belur, Karnataka.

El templo Chennakesava del siglo 12 en Belur. Uno de los más bellos ejemplos de arquitectura Hoysala, con su plataforma con forma característica de estrella y detalle exquisitamente tallada. Belur, Karnataka.

(201)

The soaring gopuram of the Meenakshi Temple is its most striking feature. It is seen here with a sacred water tank in the foreground. Madurai.

La hauteur du gopuram du temple de Meenakshi en est sa caractéristique la plus frappante. On peut le voir ici avec une citerne d'eau sacrée au premier plan. Madurai.

El gopuram en alza del templo Meenakshi es su característica más llamativa. Se ve aquí con un tanque de agua sagrada en primer plano. Madurai.

(202)

The Virupaksha Temple, circa 740 AD, in the village of Pattadakal, North Karnataka, shows early stages of evolution of various styles of Hindu temples architecture.

Le temple Virupaksha, environ 740 après JC, dans le village de Pattadakal, Karnataka du Nord, montre les premiers stades de l'évolution de différents styles de l'architecture des temples hindous.

El Templo Virupaksha, alrededor de 740 dC, en el pueblo de Pattadakal, Karnataka del norte, muestra las etapas iniciales de la evolución de los diferentes estilos de la arquitectura de los templos hindú.

(203)

Mahabalipuram, the 7th century port city of the Pallava dynasty, has some of the most beautifully preserved temples, like the Shore Temple, dedicated to Lord Shiva. Mahabalipuram, near Chennai.

Mahabalipuram, la ville portuaire, du 7ème siècle, de la dynastie des Pallavas, possède quelques temples des plus magnifiquement préservés, comme le Shore Temple, dédié à Lord Shiva. Mahabalipuram, près de Chennai.

Mahabalipuram, puerto de la ciudad de la dinastía Pallava del siglo séptimo, tiene algunos de los templos más bonitos y bien conservados, como el Templo de la Orilla, dedicado a Lord Shiva. Mahabalipuram, cerca de Chennai.

(204)

India's wealth in architectural heritage is reflected in the facade of this rock-cut Buddhist temple, Cave no. 19, Ajanta. This particular Buddhist temple dates back to 475 AD.

La richesse du patrimoine architectural de l'Inde se reflète dans la façade de ce temple rupestre bouddhique, Grotte no. 19, Ajanta. Ce temple bouddhiste particulier date de 475 après JC.

La riqueza de la India en el patrimonio arquitectónico se refleja en la fachada de este templo budista excavado en la roca, no cueva. 19 de Ajanta. Este templo budista particular se remonta a 475 dC.

(205)

The Keshava Temple near Mysore, dates back to the 13th century. Angular projections on the wall surface are decorated with beautifully engraved statues of Hindu gods and goddesses. A hallmark of Hoysala art is the depiction of foliage over each statue.

Le Keshava Temple, près de Mysore, remonte au 13e siècle. Des saillies anguleuses sur la surface du mur sont décorées de statues superbement gravées de dieux et déesses hindous. Une caractéristique de l'art Hoysala est la représentation de feuillages au-dessus de chaque statue.

El templo de Keshava cerca de Mysore, se remonta al siglo 13. Proyecciones angulares sobre la superficie de la pared están decoradas con estatuas bellamente grabados de dioses y diosas hindúes. Una característica distintiva del arte Hoysala es la representación de follaje sobre cada estatua.

(206–207)

The 'Descent of the Ganges', measuring 43 feet (13 meters) high. Dating back to the 7th century, it's the world's largest relief, carved out of a monolithic rock. It depicts sage Bhagirath praying for the River Ganges to descend on earth. Mahabalipuram, near Chennai.

La «Descente du Gange», mesurant 43 pieds (13 mètres) de haut. Datant du 7e siècle, c'est le plus grand relief du monde creusé dans une roche monolithique. Il représente le sage Bhagirath priant pour que la rivière du Gange s'étende sur la terre. Mahabalipuram, près de Chennai.

El "Descenso del Ganges", que mide 43 pies (13 metros) de altura. Remontándose al siglo séptimo, es el mayor alivio del mundo, excavada en una roca monolítica. Representa el sabio Bhagirath orando por el río Ganges a descender en la tierra. Mahabalipuram, cerca de Chennai.

GLOSSARY

Aarti: is an invocation to the Almighty that is held in all Hindu temples at sunrise and at sunset. The evening aarti on the ghats of Varanasi is a spectacular event: seven brahmins perform a synchronized aarti, moving the oil lamps in circular motion, which is accompanied by the sounds of the ringing bells, blowing of the conch shells and recitation of chants. All of this forms a heady cocktail of reverence and prayer. Thousands of *diyas* or lamps are set afloat at this auspicious hour as offerings to the river goddess.

Baoli: is an ancient step-well in which a person could climb down to the water level. Many baolis, such as the one in Modrea, have Hindu temples built around them.

Brahmin: is the highest caste in the Hindu society. They are priests who learn ancient religious scriptures and are responsible for performing religious rites at Hindu temples and pilgrim centres. Their identity is defined by a tuft at the back of the head and a cotton strand called *janeu*, which they wear across their torsos. The vertical lines on their forehead denote that they are followers of Lord Vishnu. The horizontal lines signify their affiliation with Lord Shiva.

Bollywood: Bombay is the nerve centre of Hindi cinema. Movies are the biggest form of entertainment for the nation; the 900 movies that are produced annually in the country bear testimony to this claim. The union of 'Bombay' with 'Hollywood' makes Bollywood, the Hindi film industry.

Chorten: or stupas are ceremonial Himalayan Buddhist relic shrines. Their square foundation symbolizes the earth, their dome symbolizes water, and their thirteen tapering steps of enlightenment, which lead to a parasol (the symbol of wind), symbolize fire. Chortens are found at the entrances of villages in Ladakh.

Dabbawala: are Mumbai-based professionals who bring home-cooked food packed in tiffin-boxes to the office-goers of the city at lunch time. The women in the house prepare the meal and pack it in a lunch box. dabbawalas collect these boxes and send them to the station where they are put in big crates and sent downtown in the city's local trains. Here another set of dabbawalas collects these boxes and rearrange them for distribution in different office blocks. Their codifications are colourful dots from which they identify each owner. This indigenous distribution network picks up home-cooked food from the suburbs and delivers it to office-goers right on their desk at lunchtime.

Dhobi: The dhobi, or washer man, collects laundry from homes, and brings it to wash to *dhobighats*. Dhobis clean clothes by beating them against stone slabs. The wet are later air-dried, ironed and returned to their respective owners. Small dots and bars serve as codes for identification. While dhobis are present in every town in the country, the dabbawalas are exclusive to Bombay.

Ghats of Varanasi: Ghats are steps that lead down to the river. In Varanasi, from sunrise to sunset, 365 days of the year, these are the epic centre of devotion and purification. Brahmins sit on the ghats under traditional bamboo parasols to perform sacred rituals for the visiting pilgrims. Later in the evening they also give discourses on religious scriptures to anyone who may be interested in listening and learning. After the sun goes down, ghats form a perfect backdrop for the evening aarti.

Kumbh Mela: The Kumbh Mela of 2001, where seventy million people came for a ceremonial bath, was said to be the largest gathering of humanity since the inception of mankind. This event could be photographed from even space satellites. All *akharas*, or clans, of the sadhus congregate during Kumbh Mela that lasts nearly forty days and is held every twelve years. On the auspicious hour hundreds of sadhus converge on the banks of the Ganges for their *shahi snan* or royal bath.

Naga Sadhu: The Naga Sadhus are recluses who abandon the luxuries of life. They consider social life an illusion or *maya*. Their initiation ceremony is performed by conducting the last rites of the person who wants to be admitted in their fold. They live in close-knit groups whose way of life has not changed in thousands of years. They have *rasta* matted hair and their bodies are completely nude, irrespective of the extreme weather; the only thing they put on their body is the ash from the sacred fire called *dhuni*. Every twelve years all clans of sadhus come together for the Kumbh Festival.

Aarti: Invocation au tout-puissant pratiquée dans tous les temples hindous au lever et au coucher du soleil. Le "aarti" du soir sur les ghâts de Bénarès est un événement spectaculaire : sept Brahmanes exécutent un "aarti" synchronisé en bougeant les lampes à huile en mouvements circulaires accompagnés de bruit de cloches, du souffle des coquillages et de la récitation de chants ; le tout constitue un enivrant cocktail d'adoration et de prière. Des milliers de "diyas", ou lampes, sont mises à flot à cette heure propice en tant qu'offrande à la déesse du fleuve.

Baoli: Un ancien puits avec des marches où une personne peut descendre jusqu'au niveau de l'eau. Beaucoup de "Baolis" ont des temples hindous construits autour d'eux comme celui à Modrea.

Brahman: La caste la plus élevée dans la société hindoue. Ce sont des prêtres qui apprennent les écritures religieuses et se chargent de l'accomplissement de rites religieux dans des temples et des centres de pèlerinage hindou. Leur identité est définie par une houppe de cheveux sur l'arrière de la tête, et un fil de coton appelé le "janeu", qu'ils portent tout au long de leur buste. Les lignes verticales sur leur front montrent qu'ils sont les disciples du seigneur Vishnu, alors que les traits horizontaux montrent leur affiliation avec le seigneur Shiva.

Bollywood: Bombay est le centre du cinéma Hindi. Les films constituent le plus grand moyen de divertissement de la nation, les 900 films produits annuellement en sont le témoignage. L'union entre « Bombay » et « Hollywood » donne Bollywood, l'industrie du film hindou.

Chorten: ou stupas, sont d'anciens hauts-lieux cérémonieux de bouddhistes de l'Himalaya. Leur base carrée symbolise la terre, le dôme symbolise l'eau, et les treize marches de l'illumination symbolisent le feu. Ces marches mènent à un parasol, qui est le symbole du vent. Les chortens se trouvent aux entrées des villages au Ladakh.

Dabbawalas: Ce sont les professionnels qui livrent la nourriture faite maison, emballée dans des boîtes à déjeuner, des banlieues au centre ville, à l'heure du déjeuner. Les femmes dans la maison préparent le repas et l'emballent dans ces boîtes à déjeuner. Les "Dabbawalas" les rassemblent et les expédient à la station où celles-ci sont mises dans de grandes caisses et envoyées au centre ville par le train local. Ici, un autre ensemble de "Dabbawalas" rassemblent ces boîtes et les réorganisent pour leur distribution dans les différents immeubles de bureaux. Leurs codifications sont des points colorés grâce auxquels on identifie le propriétaire. Ce réseau de distribution indigène relève la nourriture faite maison dans les banlieues et la livre à l'employé de bureau sans qu'il ait besoin de se déplacer pour le déjeuner.

Dhobi: Le Dhobi, ou laveur, relève le linge sale des foyers et l'emmène au "dhobighat" pour son nettoyage. Les vêtements sont nettoyés en les battant contre une dalle en pierre. Ils sont plus tard séchés à l'air libre, repassés et retournés à leurs propriétaires respectifs. Des petits points et des barres sont utilisés en guise de codes, pour leur identification. Tandis que les "dhobis" peuvent être trouvés dans chaque ville du pays, les "Dabbawalas" sont exclusivement de Bombay.

Les Ghâts de Bénarès: Les "Ghâts" sont les marches qui descendent jusqu'au fleuve. À Bénarès, du lever au coucher du soleil, 365 jours par an, elles constituent le centre épique de la dévotion et de la purification. Les Brahmanes s'assoient sur les "ghâts", sous les traditionnels parasols en bambou, pour effectuer les rituels sacrés devant les visiteurs pèlerins. Plus tard dans la soirée, les Brahmanes donnent des discours sur les écritures religieuses à quiconque est intéressé par leur écoute et leur apprentissage. Après le coucher du soleil, les ghâts offrent un contexte parfait pour le "aarti" du soir.

Kumbh Mela: Le "Kumbh Mela" de 2001 enregistra le plus grand rassemblement humain depuis le commencement de l'humanité : soixante-dix millions de personnes sont venues pour le bain cérémonieux. C'était un événement qui pourrait être photographié depuis les satellites de l'espace. Tous les "akharas", ou les clans de sadhus, se rassemblent pendant cette foire qui dure presque 40 jours et qui se produit tous les douze ans. A l'heure propice, des centaines de sadhus convergent sur les quais du Gange pour leur "shahi sanan" ou le bain royal.

Naga Sadhu: Les Naga Sadhus sont des reclus qui abandonnent tous les luxes de la vie, considérant la vie sociale comme une illusion ou "Maya". Leur cérémonie d'initiation est exécutée en interprétant les derniers rites de la personne qui veut être admise dans leur groupe. Ils vivent dans des groupes liés étroitement dont le mode de vie est demeuré le même pendant des milliers d'années. Ils ont les cheveux emmêlés style "Rasta" et leurs corps sont complètement nus, indépendamment de l'extrémité du climat; la seule chose qu'ils mettent sur leur corps est la cendre du feu sacré appelée le "dhuni". Tous les douze ans, tous les clans de sadhus se réunissent pour le festival Kumbh.

Arti: Invocación al Supremo que se realiza en todos los templos hindúes al amanecer y al anochecer. El "arti" vespertino en los "ghats" de Benarés es un evento espectacular. Siete brahmanes realizan un "arti" sincronizado, moviendo las lámparas de aceite en círculos, acompañados por los sonidos de las campanas, del soplo de conchas y del recitado de cantos; todo esto da lugar a una espesa mezcla de reverencia y oración. Miles de "diyas" o lámparas se echan a flote en esta hora auspiciosa como ofrenda a la diosa-río.

Baoli: Un antiguo pozo con escalones en el que una persona podía bajar andando hasta el nivel del agua. Muchos "baolis" tienen templos hindúes construidos a su alrededor como el de Modrea.

Brahmán: La casta más elevada de la sociedad hindú. Son sacerdotes que aprendieron las escrituras religiosas antiguas y que son los responsables de realizar los ritos religiosos en los templos hindúes y en los centros de peregrinaje. Se identifican por un mechón en la parte posterior de la cabeza y un cordón de algodón llamado "janeu" que llevan sobre el torso. Las líneas verticales sobre su frente denotan que son seguidores del señor Vishnu, mientras que las horizontales muestran su afiliación al señor Shiva.

Bollywood: Bombay es el centro neurálgico del cine en hindi. Las películas son el mayor entretenimiento de la nación, lo cual se hace evidente por las 900 películas que se producen anualmente. La unión entre "Bombay" y "Hollywood" crea Bollywood, la industria cinematográfica hindú.

Chorten: o estupas, son relicarios ceremoniales budistas de los Himalayas. Su base cuadrada simboliza la tierra, la cúpula simboliza el agua, y los trece peldaños menguantes de la iluminación simbolizan el fuego. Estos peldaños llevan a un parasol que simboliza el aire. Los chortens se encuentran en las entradas de los pueblos de Ladakh.

Dabbawalas: Profesionales que llevan comida casera en contenedores de alimentos de acero inoxidable desde los suburbios hasta el centro de la ciudad a la hora de comer. Las mujeres en las casas preparan la comida y la guardan en contenedores de alimentos de acero inoxidable. Tras ello, los "dabbawalas" los recogen de las casas y los envían a la estación donde son colocadas en grandes cajas de embalaje y enviadas al centro de la ciudad en los trenes urbanos. Allí, otro grupo de "dabbawallas" recogen las cajas y las reagrupan para distribuirlas por los distintos edificios de oficinas. Sus códigos son puntos de colores por los que identifican a cada propietario. Esta red de distribución local lleva comida casera desde los suburbios y la entrega al oficinista en su mesa a la hora de la comida.

Dhobi: Hombre que lava, que recoge la colada de las casas y la lleva al "dhobighat" donde lavan colectivamente sus respectivos montones. Las ropas se lavan golpeándolas sobre la losa de piedra. Después se secan al aire, se planchan y se devuelven a sus respectivos propietarios. Estos hombres que lavan utilizan pequeños puntos y rayas como códigos de identificación. Mientras que los "dhobis" se encuentran en cualquier ciudad del país, los "dabbawallas" son exclusivos de Bombay.

Ghats de Benarés: "Ghats" son los peldaños que llevan al río. En Benarés, desde la salida del sol hasta su puesta, durante 365 días al año, éstos son el centro activo de la devoción y la purificación. Los brahmanes se sientan en los "ghats" bajo los tradicionales parasoles de bambú para realizar los ritos sagrados para los peregrinos. Por la tarde, los brahmanes dan discursos sobre escrituras religiosas a cualquiera que esté interesado en escuchar y aprender. Cuando el sol se pone, los "ghats" son un telón de fondo perfecto para el "arti" vespertino.

Kumbh Mela: El "Kumbh Mela" de 2001 registró la mayor congregación humana de la historia de la humanidad; setenta millones de personas llegaron para el baño ceremonial. Fue un evento que pudo ser fotografiado desde satélites espaciales. Todos los "akharas" o clanes de sadhus se congregan durante esta feria que dura cerca de 40 días y que tiene lugar cada doce años. En la hora auspiciosa, cientos de sadhus convergen en las riberas del Ganges para su "shahi sanan" o baño real.

Naga sadhu: Los naga sadhus son eremitas que abandonan todos los lujos de la vida, considerando la vida social como una ilusión o "maya". Su ceremonia de iniciación se realiza llevando a cabo los últimos ritos de la persona que quiere ser admitida en su congregación. Viven en grupos muy unidos cuyo modo de vida ha sido el mismo durante miles de años. Llevan el pelo al estilo "rasta" y sus cuerpos están completamente desnudos, sin importarles la dureza del clima, la única cosa que aplican sobre sus cuerpos son las cenizas del fuego sagrado llamadas "dhuni". Cada doce años todos los clanes de sadhus se reúnen en el festival Kumbh.